Briefe Schillers und Goethes an A. W. Schlegel

Aus den Jahren 1795 bis 1801, und 1797 bis 1824, nebst einem Briefe Schlegels an Schiller

Johann Wolfgang von Goethe, Friedrich Schiller

Alpha Editions

This edition published in 2022

ISBN : 9789356788053

Design and Setting By
Alpha Editions
www.alphaedis.com
Email - info@alphaedis.com

Contents

Briefe Schillers
an
A. W. Schlegel.

Aus den Jahren 1795 bis 1801.

Jena den 12. Jun. 95.

Sie haben durch den schönen Beitrag, den Sie in Ihrem Dante zu den Horen gegeben, ein zu entschiedenes Verdienst um den glücklichen Fortgang dieses Journals, als dass ich Ihnen nicht den verbindlichsten Dank dafür sagen sollte. Ich thue dieß um so lieber, da es mich zugleich veranlaßt, Ihre schriftliche Bekanntschaft zu machen, und Ihnen die Versicherung meiner freundschaftlichen Achtung zu geben.

Ich habe schon Ihren HEn Bruder in Dresden ersuchen lassen, Ihnen zu sagen, daß Sie uns durch Ihren ferneren Antheil an den Horen außerordentlich verbinden würden. Senden Sie uns was Sie nur irgend zum Druck bestimmt haben. Es wird dem Journal immer zur Zierde gereichen, und mit dem Verleger sollen Sie gewiss auch zufrieden seyn. Ich lege hier ein Avertissement bey, welches Sie mit dem Plan und den Grenzen des Journals bekannt machen wird.

Noch eine zweyte Bitte hätte ich an Sie, welche darinn besteht, einen MusenAlmanach welchen ich nächste Michaelis Messe herausgebe, mit einigen Beyträgen zu beschenken. Sie werden in keiner schlechten Gesellschaft darin auftreten. Göthe, Herder, Engel, Matthisson u. s. f. werden Antheil daran nehmen. Ich müßte Sie aber bitten mir binnen dem heutigen Datum und dem 1 August Ihre Beyträge zu senden, die directe an mich nach Jena laufen können.

Von Herdern, der Ihren Aufsatz über Dante sehr schäzt und bewundert habe ich Ihnen viel schönes zu sagen.

Kommen Sie bald wieder in Ihr Vaterland, und leben Sie den Musen ein Leben, das Sie im Dienst derselben so schön eröfnet haben.

Schiller.

**
*

Jena den 14. Sept 95.

Ich habe es lange anstehen lassen, Ihnen, mein vortreflicher Freund, für Ihren schönen Beytrag zu dem Almanach Dank zu sagen. Aber ich wollte Ihnen nicht eher schreiben, als biß ich über das Schicksal des Almanachs selbst mehr im reinen seyn würde, welches durch eine sonderbare Verknüpfung von Umständen eine Zeit lang ganz zweifelhaft gewesen ist. Sie haben vielleicht schon gehört, daß der Geschäftsträger von Michaelis 1000 rthl. von demselben zu Auszahlungen bestimmt auf der Post unterschlagen, so wie alle Briefe an Michaelis von hier aus, und von demselben zurückgehalten hat. Da sich die Ursache dieses unbegreiflichen Stillschweigens unmöglich vermuthen liess, so veranlaßte solches ein großes Mistrauen gegen Michaelis, welches sich auch mir mittheilte, und mich nöthigte, die Uebergabe des Mscrpts an denselben biß zu weiterer Aufklärung der Sache zu verschieben. Diese ist nun erfolgt, und der Almanach wie ich höre schon unter der Presse.

Ihr Beytrag, der Ihr Gepräge ganz unverkennbar trägt, war mir sehr willkommen, so wie es alles seyn wird was Sie mir senden. Erfreuen Sie mich bald mit einem neuen Beytrage zu den Horen. Es wäre mir besonders lieb, den letzten 3 Stücken soviel Mannichfaltigkeit als nur immer möglich ist, zu geben. Könnten Sie nicht Musse und Bücher finden, um uns zuweilen einen kleinen Aufsatz von historischem Innhalt zu verschaffen. Daran sind wir vorzüglich arm, sobald etwas vorzügliches erwartet wird.

Was die Herausgabe Ihres ganzen Dante anbetrifft, so sollen Sie darinn durch die Gesetze unsers Journals auf keine Weise geniert seyn. Diese gelten in ihrer ganzen Strenge nur von solchen Aufsätzen, die für sich ein Ganzes ausmachen, und wo freylich ein neuer Abdruck ein Nachdruck seyn würde. Ist aber die Schrift nur theilweise in den Horen eingerückt und die größere Parthie zurückgeblieben, so sind anderthalb Jahre ein hinlänglicher Zwischenraum.

Das VII. Horenstück habe ich nach Dresden für Sie gesendet. Das VIII folgt hier.

Im IXten das in 14 Tagen erscheint, werden Sie viel Poesie antreffen. Der Almanach hat mich aus meinen metaphysischen Distractionen mit neuem Vergnügen zu derselben zurück geführt.

Leben Sie recht wohl, und erscheinen Sie mir bald in einem schönen Gedicht oder in einer lieblichen Erzählung. Ganz der

Ihrige

Schiller.

**
*

Jena den 5. 8br. 95.

Meinen Brief vom 14. Sptbr haben Sie wie ich hoffe erhalten. Ich vergaß in demselben bey Ihnen anzufragen, ob der Roman, zu welchem die Zwey im Almanach abgedruckten Gedichte gehören, nicht ein Beytrag für die Horen werden könnte? Wir könnten ihn in den Monathstücken des nächsten Jahrs vertheilen, und biß auf wenige Bogen, welche die Entwicklung betreffen, würde er ganz in diesem Journal stehen können. Ein Jahr nach dem Abdruck des letzten Fragments aus demselben würde er ohne Anstand besonders erscheinen können. Haben Sie die Güte mir diese Anfrage zu beantworten.

Ihrem versprochenen Beytrage zu dem nächsten Stücke d. H. sehe ich mit Verlangen entgegen.

Beyliegendes Neuntes Stück enthält einige Gedichte von mir, die Sie aus den übrigen wohl herausfinden werden. Sie haben in Bürgers Academie d. Redekünste ein so geistreiches Urtheil über meine Künstler gefällt, dass ich einem solchen Leser und Kunstrichter Genüge zu thun lebhaft interessiert bin.

Auf Apollos Geburt ist von Göthen übersetzt. Homer &c. hat Herdern zum Verfasser, von dem im nächsten Stück auch eine Abhandlung über Ossian folgt.

Wie gefielen Ihnen die Göthischen Elegien im VI. Stück?

Ich bin begierig zu erfahren, wo diesen Winter Ihr Auffenthalt seyn wird?

Leben Sie recht wohl und widmen mir ein freundschaftliches Andenken

F Schiller.

**
*

Jena den 29. 8br. 95.

Ihre Briefe über Poesie haben mir, mein vortreflicher Freund, sehr viel Vergnügen gemacht, und ich bin ungeduldig, die Fortsetzung zu lesen. Sie scheinen mir auf einem sehr glücklichen Weg zu seyn, und schon die sorgfältige Verbindung des subjectiven und objectiven Theils der Sprache, wird so wie Sie sie anstellen, zu sehr fruchtbaren Resultaten in dieser Materie führen. Man könnte allenfalls wünschen, daß Sie etwas schneller zum Ziel gegangen wären; aber ich zweifle nicht, daß Sie den kleinen Auffenthalt bey dem Allgemeinen über die Sprache und ihren Ursprung in der Folge rechtfertigen werden. Ueber das Ganze will ich erst urtheilen, wenn ich mehr von Ihren Gedanken übersehe. Die Abhandlung ist sehr grazios und lebhaft geschrieben, und muss jedem, den die mühseligen Zugänge zu dieser Materie sonst abgeschreckt haben, willkommen seyn.

Ihren Auftrag an Hofr. Schütz habe ich besorgt und Sie können voraussetzen, daß er mit Vergnügen angenommen worden ist. Sollten Ihnen aber die Arbeiten für die L. Z. etwas von beßeren Stunden rauben, so sollte es mir ordentlich leid thun, daß diese Zeitung eine Acquisition an Ihnen gemacht hat; denn je mehr Zeit Sie uns widmen wollen, desto lieber wird es mir seyn. Auch Recensionen, sobald Sie nur ein für sich bestehendes Interesse haben, vertragen sich mit unserm Zweck.

Hätten Sie vielleicht Lust, den poetischen Theil der Horen in der L. Z. zu recensieren? Es war vor kurzem davon die Rede, und es wird keinen Anstand haben, wenn Sie es wünschen. In diesem Falle bedarf es nur einiger Worte an mich oder noch beßer, an Hofr. Schütz; Schon die Göthischen Elegien wären dieses Geschäftes werth. Ihre Uebersetzung des Dante müßte dann einem anderen zur Beurtheilung gegeben werden.

Ihre Zufriedenheit mit den Schatten und mit Natur und Schule ist mir sehr erfreulich. Diese Gedichte zeichnen nebst noch einigen andern meinen Uebergang von der Speculation zur Poesie. Ich hoffe aber, wenn ich nur Zeit und Stimmung finde, nicht immer so ängstlich mehr am Ufer der Philosophie hinsteuren zu müssen, sondern etwas weiter ins freye Meer der Erfindung zu segeln.

Der MusenAlmanach ist im Drucke schon ziemlich vorgerückt, und wird gegen Ende Novembers sicherlich erscheinen.

Das Stück der Berl. Monathschrift, welches den Aufsatz Ihres HE. Bruders enthält erwarte ich jeden Tag. Ich habe ihm schon längst eine Crise in der Schreibart gewünscht, und ich hoffe, die Zeichen derselben in diesem Aufsatz zu finden. Der Gehalt kämpfte noch in seinen Arbeiten zu sehr mit der Form und es fehlte an Leichtigkeit und Licht. Aber es ist sehr viel Realität in ihm, und siegt er in diesem Kampf, so ist in ihm ein vortreflicher Schriftsteller zu erwarten.

Sie urtheilen von dem Voßischen Almanach günstiger, als ich biß jetzt vermag. Ich weiss schlechterdings nicht, wie ich die Härte und Undeutschheit seiner Sprache (ich begehe selbst eine, indem ich davon spreche) bey so vieler Trivialität, oft Plattitüde des Gedankens entschuldigen soll. Wenn es ja so schwer ist, ein edles Gefühl, einen gehaltreichen Gedanken leicht und schön auszudrücken, so sollte wenigstens das Gemeine angenehm klingen, und das rauhklingende den Geist durch Gehalt entschädigen. Doch das sey unter uns gesagt!

Leben Sie recht wohl. Hier das neue Stück der Horen . Das Eilfte oder Zwölfte wird Ihre Briefe enthalten.

Schiller.

Jena den 10. Dec. 95.

Sie erhalten hier, mein vortreflicher Freund, das Eilfte Stück, worinn der Anfang Ihrer Briefe abgedruckt ist. Die Fortsetzung bringe ich im ersten Stück des neuen Jahrganges nach, da ich einen sehr bogenreichen historischen Aufsatz im XII. Stück nicht habe abbrechen dürfen. Diese Fortsetzung hat mich sehr interessiert und auf das Ganze noch begieriger gemacht. Das nüchterne Anschließen an die Natur und daß Sie überal lieber eine physische Nothwendigkeit als einen Akt der Freyheit und des Verstandes zur Quelle des Rhythmus machen wollen, erweckt Ihren Behauptungen ein großes Vertrauen, und wird durch eine sehr allgemeine und durchgreifende Analogie unterstützt. Nichts desto weniger gestehe ich, daß ich Ihre Erklärungsart doch ein wenig zu physiologisch finde, denn so gewiss ich glaube, daß man alles was der Mensch in jener GeistesEpoche thut, und was er besonders in so verschiedenen Lagen auf gleiche Weise thut, zugleich aus physischen Gründen deducieren muss, so glaube ich doch daß immer zugleich auf die Wirkung seiner Selbstthätigkeit muss Rücksicht genommen werden. Mir däucht, sobald seine Persönlichkeit sich zu deklarieren angefangen und die Reflexion eingetreten ist, so entstehen gleich nothwendige Foderungen aus seiner selbstständigen und moralischen Natur, und eine von diesen scheint mir auch das Zeitmaaß in seinen Bewegungen zu seyn; es ist das Beharrliche im Wechsel, und eben das ist der Charakter seiner Selbstheit, die sich in dieser Erscheinung ausdrückt. Meine Idee wäre also diese, daß man in Erklärung so früher und so allgemein und gleichförmigeintretender Phænomene, auf den ganzen Menschen, also den moralischen wie den physischen, Rücksicht nehmen sollte, und hierinn die Analogie auf seiner Seite hat, welche lehrt, daß überal wo die Natur rein wirket, die Bedürfniße der Sinnlichkeit den Foderungen der Vernünftigkeit begegnen. Dafür aber bin ich sehr, daß der Verstand als das Vermögen deutlicher Begriffe an diesem Geschäft schlechterdings keinen Antheil hat. Es ist eine doppelte Nothwendigkeit der physischen und moralischen Natur, aber kein Werk der Freyheit, keine absichtliche Handlung. Der Verstand wird hier, wie auch bey der Schönheit, übersprungen, indem die Vernunft sich, wie instinktmäßig, äußert, und, wie bey der dichterischen Einbildungskraft, mit der Sinnlichkeit unmittelbar verbunden wirket.

Von Schütz werden Sie in dieser Zeit wohl Antwort erhalten haben. Er hat sich, und zwar sehr gegen meinen Wunsch entschloßen, die Horen selbst zu recensieren; ein Geschäft, dem er bey der jetzigen Beschaffenheit seines Körpers und Geistes schwerlich gewachsen ist. Da ich aber dabey interressiert bin, so konnte und wollte ich seinen Entschluß nicht genieren.

Ihre Idee, Elegien von Properz für die Horen zu übersetzen, ist schon vor langer Zeit realisiert. Ein Herr von Knebel in Weimar hat den Versuch schon seit mehreren Jahren gemacht, und obgleich er nur Dilettant ist, mit nicht gemeinem Glücke ausgeführt. Göthe und Herder, in deren Umgang er beständig lebt, haben seine Muße gepflegt und gewartet, und da er selbst einen ziemlich feinen Sinn hat, sich in eine fremde Manier hineinzustudieren, so hat er sich des Römers ganz gut bemächtigt. Zwanzig und einige Elegien sind bereits übersetzt, von Göthen überarbeitet, von uns allen bekritelt und der Anfang davon erscheint in dem Ersten Horenstücke 1796.

Was Sie über Condorcets Schrift niederschreiben wollen, soll mir sehr willkommen seyn. Er scheint mir ein solcher Autor, bey dem man bloß durch das was er hätte denken und sagen sollen und nicht gesagt hat, sehr viel Ehre einlegen kann. Diese Herren nehmen es etwas leicht, und es ist nicht schwer kühn einherzujagen, wenn man keine große Fracht geladen hat. Uebrigens macht diese Schrift jetzt viel Aufsehen, bey einzelnen ein gewaltiges Glück, und ein Aufsatz der sich darauf bezieht wird begierig gelesen werden.

Warum können Sie nicht hier in Jena bey uns leben? Dieß sollte mir große Freude seyn. Das Gespräch würde so manches rege machen, was eine schriftliche Communication nicht berüht.

Erfreuen Sie mich sobald Sie können wieder mit einem Produkte Ihres Geistes. Ganz der Ihrige

Schiller

**
*

Jena 9. Jenn. 96

Gestern endlich, mein vortreflicher Freund bekam ich Ihre Recension zu Gesichte, und ich brauche Ihnen wohl nicht zu sagen, daß Sie mich, insofern entweder ich selbst oder mein Journal dabey interessiert sind, mehr als befriedigt hat. Aber auch ohne alle diese Privatrücksichten erfreute mich die schöne Verbindung poetischer Wärme mit kritischer Kälte, welche darinn herrscht, und ohne welche ich keinen Kunstrichter anerkennen kann. Es ist zu umständlich und ich bin heute auch zu sehr überhäuft, um in ein ordentliches Detail davon einzugehen; selbst die zwey Fragen, welche Sie in Beziehung auf mich anregten

1. Ob eine poetische Unternehmung wie das Reich der Schatten überhaupt zu vertheidigen sey?

und

2. Ob der dichterische Geist den ganzen Weg strenger Wißenschaft gehen müsse und dürfe?

muss ich für heute dahingestellt seyn lassen. Vielleicht antwortet Ihnen die hier folgende Abhandlung über sentimentalische Dichter auf die zweyte dieser Fragen. Was meine eigne Erfahrung anbetrifft, so fehlt zwar sehr viel daran, daß ich den Weg der Wißenschaft völlig zurückgelegt hätte; aber was ich davon zurücklegte, hat mich auf dem poetischen Wege eher gefördert als von demselben entfernt: wenigstens muss ich dasjenige, was ich nach dieser Epoche der Speculation und während derselben gedichtet habe, auch in poetischer Rücksicht für beßer halten, als was ich vor derselben ausgeführt habe. Alle poetischen Stücke aber, die Sie in dem Almanach und in den Horen von mir lesen, sind spätere Produkte und alle erst vom Junius des vorigen Jahrs biß zum September entstanden.

Ihre Erinnerungen, die Metrik in meinem und Göthens Gedichten betreffend finde ich, in den mehresten Punkten, sehr richtig; nur in wenigen Kleinigkeiten sind wir verschiedener Meinung. So ist der halbe Pentameter:

Die zwischen mir und dir

freilich kein guter Vers, aber Die als relativum muß offenbar lang seyn. Das Zeitwort in dem halben Pentameter:

Dir gilt es nicht

wird dadurch entschieden kurz, daß auf Dir ein doppelter Accent liegt. Es wäre ganz unmöglich, jenes gilt, bey gehöriger Declamation nicht merklich zu verkürzen. Ich bin darinn völlig von Moritz Meinung, daß in unserer Sprache der Verstandes Gehalt die Länge und Kürze bestimmt.

Sonst bin ich übrigens weit davon entfernt, mich meines Hexameters gegen Ihre Critik sehr anzunehmen; denn ich selbst habe es von jeher mit der Rigoristischen Parthey gehalten, und wenn ich dagegen excipiere, so ist es nicht, weil ich dem Dichter das Spiel leichter sondern weil ich es dem Critiker schwerer machen will; denn offenbar ist noch zuviel willkührliches in unsern prosodischen Gesetzen. Leider habe ich noch keine Musse gehabt, durch eigene Praxis zu zeigen, wie ich den deutschen Hexameter behandelt wünsche, denn alles was Sie in dieser Versart von mir gelesen ist bloß der erste Wurf, an dem ich, der Kürze der Zeit wegen, die Feile gar nicht versuchen konnte. Seitdem z. B. die Elegie gedruckt ist, habe ich schon über 40 corrigenda darinn entdeckt, den bloßen Versbau betreffend. Zu meiner Entschuldigung muss ich jedoch anführen, daß dieses die ersten Hexameter sind, die ich in meinem Leben gemacht, einige jugendliche Versuche in meinem sechzehnten Jahre abgerechnet.

Göthe, der eben hier ist, war mir Ihrer Recension so wie überhaupt mit Ihrer Art zu urtheilen, sehr zufrieden, nur daß auch Er sowohl gegen Ihre, als gegen die Voßische Prosodie noch manches einzuwenden hat. Er glaubt, und muß seiner Natur nach diese Meinung haben, daß in Rücksicht auf den Versbau den Foderungen des Moments und der Convenienz des individuellen Falles weit mehr als einem allgemeinen Gesetz müsse nachgegeben werden.

Die Hofnung, welche Sie mir machen, Sie diesen Sommer nicht nur zu sehen, sondern hier zu behalten war mir der willkommenste Theil Ihres Briefes. Ich freue mich höchlich darauf, und da ich für eine ziemlich lange Zeit der Speculation entsagt habe um wieder ganz in der Poesie zu leben, so werden auch unsre Beschäftigungen einander näher berühren.

Mit gewöhnlichen Docenten macht die philosophische Facultät seit einiger Zeit Schwierigkeiten, aber bey Ihnen ist von Remonstrationen nichts zu besorgen. Ich hoffe auch, es wird sich machen lassen, Sie auf eine noch honorablere Art hier zu fixieren, besonders da man auf Schützens Gesundheit gar nicht mehr zählen kann. Wenn Sie nur erst hier sind, so wird sich alles geben.

Darf ich mir bald wieder einen Beytrag von Ihnen versprechen? Wenn Sie ihn noch in das 2te Stück zu bringen wünschten, so müßte ich ihn in spätestens 14 Tagen erhalten. In dem Ersten Stück war kein Platz mehr übrig, darum schrieb ich Ihnen auf Ihre Anfrage nichts zurück. Leben Sie recht wohl. Ihr aufrichtiger

Freund

Schiller

Von Michaelis habe ich dato noch keinen Almanach erhalten.

**
*

Jena 31. Jenn. 96.

Es ist von mir vergessen worden, Ihnen zu schreiben lieber Freund, daß die Zahlungen unsers Horen-Verlegers von einer Jubilate Messe zur andern festgesetzt sind. Ich sende Ihnen also hier einstweilen 20 Ldors auf Abschlag, welche mir gerade da liegen. Auf Ostern wird sich Cotta genauer mit Ihnen berechnen. Es versteht sich, daß Ihnen auch jetzt das Ganze, so bald Sie es wünschen, zu Diensten steht.

Heute nichts mehr. Die Post geht sogleich. In 6 Tagen erhalten Sie das 1 Stück der Horen nebst Ihrem Aufsatz

Ihr

Sch.

Jena den 29 Febr 96

Ich habe Ihnen, mein theurer Freund, vom 1 Februar einen Brief, mit 20 Ldors, gesendet, von dessen Empfang Sie mir noch keine Nachricht gegeben. Haben Sie die Güte, dieses mit umgehender Post zu thun, auch mir zu melden, ob ich Ihnen noch mehr senden soll, oder ob Sie, welches mir freilich das liebste wäre, es in derselben Zeit persönlich bey mir in Empfang nehmen wollen. Biß zu diesem Zeitpunkt, der hoffentlich sehr nahe ist, verspare ich alles übrige. Lassen Sie mich in Ihrem nächsten Briefe hören, daß Sie Selbst ihm auf dem Fuße folgen werden. Sie werden in diesem Sommer auch Voss hier finden, der mir verspricht, mit Anfang Sommer hieher zu kommen. Auch Körner aus Dresden, ein guter Freund Ihres HE Bruders wird Ende Aprils hier seyn und einige Wochen bleiben.

Ihrem HE. Bruder sagen Sie von mir recht viel freundschaftliches, und dass ich mit nächstem selbst an ihn schreiben würde. Viele Geschäfte und noch mehr meine Krämpfe und Schlaflosigkeiten haben mich, so wie von so vielem andern, auch von diesem Geschäft abgehalten.

Erhalte ich bald etwas neues von Ihnen für die Horen? Ich warte begierig darauf. Ganz der Ihrige

Schiller

**
*

Sehr angenehm haben Sie mich mit Ihrem Aufsatz über Shakespear und Ihrer schönen Uebersetzung dieses Dichters überrascht. Mehr will ich Ihnen heute nicht davon sagen, weil der Versendungstag der Horen und eine starke Brief Expedition mir den Kopf zu sehr zerstreuen. Ich habe meine Rechte an der Uebersetzung ein wenig überschritten, und die mittlere Scene (ja auch die beyden andern, wenn Platz dafür ist) zum Druck in die Horen abgesandt. Da ich aus Ihrem Briefe schloß, dass bloß der frühere Gebrauch, den Sie von dieser Uebersetzung für den Druck zu machen willens wären, gegen den Abdruck in den Horen sey, so trug ich um so weniger Bedenken, das dritte Stück der Horen mit diesem interessanten Beytrag zu bereichern. Sie können, da es nur ein sehr kleiner Theil des Ganzen ist, das ganze Schauspiel abdrucken lassen, sobald Sie wollen. Eine vorausgeschickte Probe der neuen beßeren Uebersetzung Shakesp. in den Horen wird selbst für Ihren Aufsatz gut seyn, denn immer ist es gut, wenn die That dem Raisonnement vorhergeht, und der Leser, dem jene Proben noch in frischem Gedächtniß sind, ergreift die Abhandlung mit um so größerer Begierde.

Ueber die ganze Unternehmung, den Shakespear zu übersetzen werden wir wohl mündlich am beßten sprechen können. Der Gedanke ist sehr glücklich, und der Himmel lohne es Ihnen, dass Sie uns von dem traurigen Eschenburg befreyen wollen. Mit diesem sind Sie glimpflicher umgegangen als ers verdient, bey seiner lächerlichen Anmassung als Critiker und Aesthetiker verdient. Man sollte diese Erzphilister, die doch Menschen zu seyn sich einbilden, nicht so gut traktieren. Käme es auf sie und ihre Hohlköpfe an, sie würden alles genialische in Grundsboden zertreten und zerstören.

Auch Bürgers Makbeth und die übersetzten Hexengesänge haben Sie mir zu raisonnabel behandelt. Ich halte die letztern für eine recht Bürgerische Pfuscherey, so arg als irgend eine von ihm, und das ist nicht bloß meine Privat-Meinung. Göthe z. B. mit dem ich erst kurz noch davon sprach, findet sie greulich, und er hat, da er den Macbeth gern einmal in Weimar spielen lassen wollte, schon darauf gedacht, wie er sie anders übersetzt bekommen könnte. Ich will, wenn Sie es nicht contremandieren, wozu es binnen 14 Tagen noch Zeit ist, jene Stelle in Ihrer Abhandlung, welche die Bürgerischen Hexengesänge betrifft, herauslassen. Es ist mir bloß deßwegen, weil man nicht weiss, ob man einander nicht über kurz oder lang in Rücksicht auf diesen Punkt in demselben Journal widersprechen könnte, welches das Publicum irre machen würde.

Herzlich freue ich mich Sie binnen 8 Wochen hier zu sehen, wo wir dann recht viel in die Länge und Breite miteinander durchsprechen wollen. Leben Sie recht wohl.

Ganz der Ihrige

Schiller.

**
*

Ich sehe nicht warum ich Sie mit dem Honorar warten lassen soll, biß Cotta es schickt oder anweißt: daher sende ichs Ihnen lieber gleich und bitte mir bloß die 8 Ldors für Horenbeyträge, der Cottaischen Rechnung wegen, zu quittieren. Die Kleinigkeit darüber ist für den Almanach, wovon ich aber gegen niemand weiter zu sprechen bitte, weil die lyrische Muse in Almanachen der Regel nach nicht bezahlt wird, und außer Ihnen auch nur G. und H. ihre Gedichte im Almanach bezahlt bekommen. Dieß gilt für die künftigen Jahre auch – Machen Sie daß ich Ihnen, für den Almanach sowohl als für die Horen, künftig größere Summen zu bezahlen habe.

1. Dec. 96

Sch.

Da Sie, wie mir HE. Gries sagte, früher von hier reisen, als Cotta hieherkommt und die Horenrechnung für 1797. abschließt, so sende ich Ihnen den Betrag dessen, was wir Ihnen für Ihre Gedichte zum Almanach und den Aufsatz in den Horen zu bezahlen haben. Ich bitte um ein paar Zeilen zur Quittung.

Meine Einladung zum künftigen Almanach wiederhohle ich Ihnen nicht, denn die alte gilt für Immer.

Jena 7. May.
1797.

Sch.

**
*

Sie erhalten hier, was ich Ihnen nach Abzug des kleinen Rests von der Böhmischen Assignation noch zu bezahlen habe, und so wäre unsre Rechnung geschloßen.

Es hat mir Vergnügen gemacht, Ihnen durch Einrückung Ihrer Uebersetzungen aus Dante und Shakespear in die Horen zu einer Einnahme Gelegenheit zu geben, wie man sie nicht immer haben kann, da ich aber vernehmen muß, dass mich HE. Frid. Schlegel zu der nehmlichen Zeit, wo ich Ihnen diesen Vortheil verschaffe, öffentlich deßwegen schilt, und der Uebersetzungen zuviele in den Horen findet, so werden Sie mich für die Zukunft entschuldigen.

Und um Sie, einmal für allemal, von einem Verhältniß frey zu machen, das für eine offene Denkungsart und eine zarte Gesinnung nothwendig lästig seyn muß, so lassen Sie mich überhaupt eine Verbindung abbrechen, die unter so bewandten Umständen gar zu sonderbar ist, und mein Vertrauen zu oft schon compromittierte.

Jena 31. May. 97

Sch.

[A. W. Schlegel]

An Schiller.

Im höchsten Grade betroffen über Ihre unerwartete Erklärung, die einem Verhältnisse ein Ende machen soll, welches ich zu den glücklichsten Umständen meines hiesigen Lebens rechnete, eile ich nur wenigstens einige Zeilen zu meiner Rechtfertigung hinzuwerfen, in der Hoffnung daß Sie mir Gelegenheit geben werden, Ihnen jeden Zweifel über die Geradheit meines Betragens, der Ihnen beygebracht seyn könnte, zu benehmen.

Da ich durchaus keine Art von Autorität über meinen Bruder besitze, keine Macht ihn von etwas abzuhalten, was ich auch noch so sehr misbilligen möchte, so würde ich in der That sehr unglücklich seyn, wenn ich für alle seine Schritte (die ich überdieß erst hinterdrein erfahre wenn Sie schon öffentlich geworden sind) verantwortlich gemacht werden sollte. Wenn mein Rath und meine dringenden Vorstellungen etwas gefruchtet hätten, so hätte er seinen Brief über den Almanach von 96 gar nicht drucken lassen. Daß diese Manier zu urtheilen mit einigen spottenden Einfällen erwiedert ward, fand ich sehr natürlich und billig, und hätte von Herzen gewünscht, daß er es dabei hätte bewenden lassen. Er kannte den Grad meiner Anhänglichkeit an Sie, und es war also eine ausgemachte Sache unter uns, daß er sich nie gegen mich über irgend etwas äußerte, was mein Verhältniß zu Ihnen auf das entfernteste betraf. Ich brauche Ihnen wohl nicht zu betheuern, daß er mir eine Beurtheilung der Horen, die auch gegen mich mit gerichtet war, weil ich es mir zur Ehre schätze, daran bis jetzt Theil genommen zu haben, nicht vor dem Drucke wird gezeigt haben. Noch bis jetzt habe ich sie nicht gelesen. Die Art, wie ich letzthin über die Streitigkeit mit Woltmann mit Ihnen sprach, muß Sie davon überzeugen. Ich weiß auch nicht wie viel Antheil er an jener Rezension hat, vermuthe aber aus Aeußerungen von ihm über die Woltmannsche Sache, daß er sie nicht ganz gemacht.

Woltmann hat hier in Jena ausgebreitet, nicht mein Bruder sondern meine Frau habe das Urtheil über den Theoderich geschrieben. Wenn dieß Gerücht auch zu Ihnen gekommen ist, wie ich vermuthen muß (ich hatte schon am Sonnabend Abend die Absicht, mit Ihnen davon zu sprechen), so betheure ich Ihnen hiermit auf meine Ehre daß es eine Unwahrheit ist, daß meine Frau weder über den Theoderich noch sonst auch nur eine Zeile an jener Rezension geschrieben hat. Ich bin zu Woltmann gegangen, und habe ihn über dieses unbesonnene und, da er das Urtheil für unverschämte Lüge oder Ignoranz erklärt hat, höchst beleidigende Geschwätz sehr ernsthaft zur Rede gestellt. Er hat auch gleich so weit zurückgezogen, daß er vorgegeben hat, er habe es nur aus Vermuthung geäußert, weil er aus den Billetern meines Bruders vermuthe daß dieser nicht selbst Verfasser sey, aber den ihn nahe angehenden Verfasser vertreten wolle. Dieß ist indessen nur eine Ausflucht von ihm, und wenn er länger hier geblieben wäre, so würde ich ihn genöthigt haben, jene Behauptung bei Personen wo er sie bestimmt geäußert förmlich zu widerrufen.

Ich bin mir bewußt, ihr Vertrauen nie, auch in der geringsten Kleinigkeit nicht gemisbraucht und nie der Dankbarkeit entgegen gehandelt zu haben, die ich Ihnen für so viel Güte und Theilnahme an meinem Glück ewig schuldig bin. Wenn Sie je einige Freundschaft für mich gehegt haben, so versagen Sie mir die Bitte nicht, Ihnen bald mündlich meine gänzliche Unschuld an diesem unglücklichen Misverhältniß darzulegen; soll es mich aber durchaus ihres Umganges berauben, so werde ich doch nie aufhören mit der wärmsten Verehrung und Anhänglichkeit zu seyn

Ihr ergebenster

**
*

Sehr ungern, seyen Sie versichert, entschloß ich mich zu dem unangenehmen Schritt, aber die Umstände forderten ihn längst. Ihnen mache ich keinen Vorwurf, und ich will Ihrer Versicherung, daß Sie Sich gegen mich nichts vorzuwerfen haben, gerne glauben, aber dadurch wird leider nichts verändert, weil bei den großen Ursachen zum Mißvergnügen, die Ihr Herr Bruder mir gegeben hat und noch immer zu geben fortfährt, das gegenseitige Vertrauen zwischen Ihnen und mir nicht bestehen kann. Ein Verhältniß, das durch eine natürliche Verbindung von Umständen unmöglich gemacht wird läßt sich mit dem beßten Willen nicht erhalten. In meinem engen Bekanntschaftskreise muß eine volle Sicherheit und ein unbegränztes Vertrauen seyn, und das kann, nach dem was geschehen, in unserm Verhältniß nicht statt finden. Beßer also wir heben es auf, es ist eine unangenehme Nothwendigkeit, der wir, beide unschuldig wie ich hoffe, nachgeben müssen; dieß bin ich mir schuldig, da niemand begreifen kann, wie ich zugleich der Freund Ihres Hauses und der Gegenstand von den Insulten Ihres Bruders seyn kann.

Versichern Sie Madame Schlegel, dass ich von dem lächerlichen Gerüchte, Sie sey die Verfaßerin von jener Recension nie Notiz genommen habe, und sie überhaupt für zu verständig halte, als daß sie sich in solche Dinge mische.

Schiller.

**
*

Ich hatte in jedem Falle darauf gerechnet, daß Sie Ihren Antheil an dem Almanach fortsetzen würden, und Göthe hat es mir, wie er hier war, auch in Ihrem Nahmen bestätigt. Mit der angenehmsten Erwartung sehe ich daher Ihrem Beitrag entgegen. Es ist noch nichts am Druck angefangen und kommt wahrscheinlich vor einem Monat nicht dazu, weil Schrift und Papier noch erwartet werden.

Sch.

**
*

An Kosegarten hab ich vor etwa 3 Wochen geschrieben, und ersuche Sie also, wenn Sie ihm antworten, sich darauf zu beziehen und ihn von meinetwegen zu grüßen. Die Ankündigung, welche ich eben durchlas, ist possierlich genug.

Gotters Geisterinsel wird mir ein sehr angenehmer Beitrag zu den Horen seyn, und auch das andre Stück, wenn es hergestellt werden kann, nehme ich mit Vergnügen. Wollen Sie also einstweilen um das erstere schreiben, so erweisen Sie mir ein Gefallen. Sobald es abgedruckt ist, werde ich Cotta bitten, das Honorar von 4 Ldor pr Bogen gleich zu bezahlen.

J. 3. Jul. 97

Schiller.

**
*

Sie haben mir mit Ihrem Gedicht eine große Freude gemacht, der Gegenstand ist mit einer edlen Würde und einem philosophischen Schwung behandelt, Sprache und Vers sind vortrefflich. Manche möchten das Silbenmaß bei einem so uralten Stoffe zu modern finden. Diesen können Sie aber sehr befriedigend antworten, daß die philosophische Behandlung des Stoffes denselben an sich schon aus seiner Urwelt heraus in ein modernes raisonnierendes Zeitalter versetzt. Zu Ihrer Behandlung würde der Hexameter sich durchaus nicht geschickt haben, da er schlechterdings eine eigentliche und nicht allegorische Ausführung des Gedankens gefodert hätte, und ich finde daher, daß Ihr Gefühl Sie ganz richtig geleitet hat.

Indeßen wünschte ich, eben dieser symbolischen und allegorischen Behandlung wegen, daß man noch weniger als geschehen ist an den alten Prometheus erinnert würde. Dieser stiehlt das wirkliche und natürliche Feuer, und mit diesem macht er den Menschen ein Geschenk; der Actus des Feuerraubes durfte also von dem alten Dichter mit aller Umständlichkeit versinnlicht werden; weil aber bey Ihrer Behandlung der symbolische Verstand gleich aufgefodert wird, das natürliche Feuer zu verlaßen und in einer übersinnlichen Bedeutung zu nehmen, so kommt die Imagination des Lesers durch alle diejenigen Schilderungen ins Gedränge, die dem Feuer als Feuer gelten. Ich würde deßwegen rathen über diesen delicaten Punkt so leis als nur möglich ist wegzugehen. Auch würde es, däucht mir, eine beßere Wirkung thun, wenn Sie das Feuer nicht vom Wagen selbst, sondern etwa von einer Fackel nehmen ließen, weil die Phantasie weit eher mit einer brennenden Fackel als mit einem lichtausstrahlenden Wagen die Idee des geistischen Feuers verknüpfen kann, und überhaupt wird das Feuer um so kostbarer und edler, je einfacher und sparsamer seine Quelle ist.

Noch wäre mein Rath, um den Leser gleich an der Fronte des Gedichts in den rechten Standpunkt zu rücken und aller Mißdeutung vorzubeugen, daß Sie das Gedicht: Eine Allegorie überschrieben, denn das ist es im strengsten Sinne und der Beurtheiler muß diesen Begriff vor Augen haben.

Da Sie es noch nicht überschrieben haben, so lege ich es hier bey, bitte aber, es mir bald wieder zurückzuschicken, so wie ich auch das andere, was Sie noch für den Almanach bestimmt haben, mit Verlangen erwarte.

Jena 27. Jul. 97.

S.

Der symbolische Gebrauch des Feuers verwickelt Sie in eine Schwierigkeit, die ich kaum für auflöslich halte, doch muß ich Sie darauf aufmerksam machen. Wie das natürliche Feuer dem ganzen Menschengeschlecht kann mitgetheilt werden, indem ein Gott es einem einzelnen Menschen schenkt, das ist begreiflich: aber um das übersinnliche Feuer den Menschen mitzutheilen, müßte Prometheus es entweder allen existierenden Individuen einflößen, und also den Actus hunderttausendfältig wiederhohlen, oder er muß einen neuen Menschen (oder vielmehr ein neues Menschenpaar) bilden, von dem das ganze Geschlecht entspringt und das Feuer erbt. Wo kommen aber nun die existierenden Menschen hin, von denen eben ja die Rede war, für welche Prometheus das Mitleid empfand, die den Gedanken in ihm veranlaßt haben? Eh er seinen neuen Menschen bildet, ist schon ein ganzes lebendes Geschlecht da – wohin kommt das? u. dergleichen Fragen mehr, die sich von selber aufdringen.

**
*

Ihr Gedicht überrascht mich sehr angenehm. Es ist überaus zart und lieblich, und eben so schön ausgedrückt als empfunden.

Von den Abänderungen die Herr G. mit seinem Gedicht vorgenommen, soll Gebrauch gemacht werden. Ich werde ihn recht gerne kennen lernen. Weil ich aber schon seit mehreren Wochen anfangs durch die entsetzliche Hitze und jetzt durch einen Catarrh mich sehr angegriffen fühle, daß ich an nichts Interesse nehmen mag, so will ich noch ein paar Tage abwarten und ihn dann zu mir einladen.

Es wäre schön, wenn Sie noch eine Ballade in den Almanach stiften wollten und Platz wollte ich schon finden. Ich habe ohnehin gern einen Vorwand bey mir selbst, manche überlästige Herren, die sich im Almanach aufpakten, wieder herauszuwerfen. Die Zudringlichkeit dieser Herren ist über alle Begriffe.

S.

**
*

Ein Herr G. (vielleicht Grieß) schickt mir aus Schwarzburg ein Gedicht Phaethon zu und schreibt mir dabey, daß er durch Ihre Vermittlung zu erfahren wünsche, ob ich es aufnehmen werde . Ich finde viel Gutes darinn und werde es noch in den Almanach setzen, wenn ihm auch noch einige Figuranten Platz machen müßten. Wollen Sie ihn wenn er sich an Sie gewendet hat, davon benachrichtigen, und zugleich anfragen, ob er seinen Nahmen nicht darunter setzen will?

Die Correctur senden Sie nur unmittelbar an Herrn Göpferdt.

S.

**
*

Sie haben einen glücklichen Gedanken sehr glücklich ausgeführt. Das Gedicht ergreift und erhebt, der Schluß an die Gallier besonders nimmt einen schönen Schwung. Daß Sie die Götter selber sprechen lassen, war für die Würde der Ausführung entscheidend; so wird alles viel bedeutender und größer, und schon dieser Umstand allein mußte Sie gegen Ihren Concurrenten in Vortheil setzen, der an der Klippe der bloßen Declamation zuweilen strandet. Sie würden Sich um HE. Grieß ein Verdienst erwerben, wenn Sie ihn auf die Fehler seiner Arbeit aufmerksam machen wollten, denn es ist damit ganz so wie Sie sagen.

Ich will gerade nicht dazu rathen, daß seine Bearbeitung zugleich mit der Ihrigen in dem Almanach abgedruckt wird, obgleich sie einen recht guten Begriff von seinem Talent erweckt; ich kann sie aber, wenn er Lust hat, in die Horen setzen.

Von den Balladen, nach denen Sie fragen, sind biß jetzt nur wenige gedruckt, die übrigen sind gerade in der Arbeit. Hier sende ich indeß um Ihren Wunsch einigermassen zu erfüllen, die zwey ersten Bogen, welche ein sehr schönes Gedicht von Göthen eröfnet. Die übrigen Bogen sollen Sie auch noch erhalten, wenn sie fertig sind.

Sch.

Der äuserste Termin für Mscrpte
zum Almanach ist zum 12ten Sept.

**
*

Weimar 14. May. 1801.

Wegen meines neuen Stücks habe ich in Berlin noch keinen Schritt gethan; da es, meinem Vertrag mit Ungern gemäß, im October gedruckt erscheint, so wollte ich es erst vor das lesende Publicum, und dann, nach Maaßgabe der Umstände, auf das Theater bringen. Auch hier in W. bleibt es vor der Hand unaufgeführt, unser hiesiges Personal ist zu klein, und es müssen sich sonst noch einige glückliche Umstände zusammenfügen.

Sobald das Stück aus der Presse kommt, sende ich die zum Theatergebrauch abgekürzte Bearbeitung desselben an HE. Ifland, und werde mir, wenn man es auf die Bühne bringen will, ausbitten, daß die Jungfrau von Orleans durch diejenige welche die Rolle der Johanna v. Montfaucon dort spielt, besezt wird. Ausdrücklicher kann ich mich, da ich das Berlinische Theaterpersonal gar nicht kenne, in die Rollen-Austheilung nicht wohl mischen. Daß es meinem Stück zum größten Vortheil gereichen würde, wenn eine Künstlerin, wie Mad. Unzelmann, nach der allgemeinen Stimme, es ist, die Hauptrolle darinn übernähme, ist gar keinem Zweifel unterworfen. Versichern Sie Ihr in meinem Nahmen, daß ich mich sehr auf ihre persönliche Bekanntschaft freue und daß die Aussicht, ihre schönen Darstellungen zu sehen, an meinem Wunsche Berlin zu besuchen keinen geringen Antheil hat.

Für Mad. Fleck ist in demselben Stück eine andre Rolle, die nach dem Bilde, das ich von Ihr habe, nothwendig ihr zufallen muß. Es ist Agnes Sorel, die der Johanna zwar sehr untergeordnet aber doch von Bedeutung und für die Darstellung dankbar ist.

Ich sehe der Erscheinung Ihres Almanachs mit Verlangen entgegen. Mein ernstlicher Wille ist es, Ihnen den Antheil, den Sie so gütig waren an dem meinigen zu nehmen, nach meinen Kräften zu erwiedern, doch will ich für dieses Jahr nichts versprechen. Zu lyrischen Arbeiten gehört ein gewißer poetischer Müßiggang, den ich jetzt nicht habe; eine größere Arbeit, die meine Gedanken jetzt beschäftigt, läßt mir nicht Raum dazu.

Für Ihren Shakespear meinen besten Dank – es thut mir aber leid, daß Sie mit U. zerfallen, und für die Unternehmung selbst kann eine Veränderung des Verlags leicht schädlich werden.

Meine Maria Stuart und der Macbeth liegen für Sie parat und ich erwarte nur zu hören, ob Sie noch länger in B. bleiben oder, wie man sagt, nach Jena zurückkommen.

S.

Briefe Goethes
an
A. W. Schlegel.

Aus den Jahren 1797 bis 1824.

Mit einem Briefe von Herrn Geheimde Rath Voigt schicke ich zugleich die ersten Theile des Gozzi, für Ihren Herrn Bruder, die übrigen stehen nach und nach auch zu Diensten. Wenn ich nicht irre so sind Gesners französische Idyllen noch bey Ihnen, die ich mir gelegentlich zurück erbitte. Ich wünsche Ihnen recht wohl zu leben. Jena am 28 Mai 1797.

Goethe

**
*

Indem ich das Manuscript zurückschicke, merke ich nur an, daß Hofrath Schiller die Stelle Fol. 4 deshalb angestrichen, weil sie ihm nicht verständlich ist, indem von Verwicklung und Auflösung, den Haupterfordernißen eines guten Dramas, als von einem fremden zufälligen Verdienste gesprochen ist. Wollten Sie dieses zu erläutern, sowie die andern Stellen abzuändern die Güte haben? und mir etwa bald nach Tische das Manuscript zurückschicken, indem es noch heute abgehen könnte. Ich wünsche recht wohl zu leben. Den 14ten Juni 1797.

Goethe

**
*

Sie haben mich, durch Ueberschickung Ihres Prometheus, in den Stand gesetzt meinen Gast auf eine recht angenehme Weise zu bewirthen, er dankt Ihnen auf das beste dafür und ich kann sagen daß wir das Gedicht mit vielem Vergnügen wiederholt gelesen haben. Es ist Ihnen gelungen in die Mythe einen tiefen Sinn zu legen und ihn auf eine ernste und edle Art auszudrucken, die Verse sind sehr glücklich und es sind Stellen die durch ihre Hoheit überaschen. Gewiß wird es eine der ersten Zierden des Almanachs seyn.

Wir haben indess auch fleißig gearbeitet und die Balladen sind noch immer im Gange, vielleicht giebt mir meine vorstehende Reise auch noch einige Beyträge.

Mein Freund Meyer ist, seiner Gesundheit wegen, aus Italien nach der Schweiz zurückgegangen, ich gedenke ihn am Zürcher See zu besuchen, und mit ihm Rath zu pflegen was weiter zu thun sey? So viel ich seine Constitution kenne möchte es wohl nicht räthlich seyn ihn gleich wieder hineinzuführen, und das Bild das dieses schöne Land im Augenblicke darstellt, ist auch für den Beschauer nicht reizend. Wahrscheinlich sind wir gegen den Winter wieder hier, und erfreuen uns des Umgangs unserer Freunde.

Sollte ich Sie vor meiner Abreise nicht wieder sehen, so wünsche ich recht wohl zu leben. Empfehlen Sie mich Ihrer lieben Frau und grüßen Sie Ihren Herrn Bruder vielmals. Sollten Sie mir von Ihren und seinen neuern Arbeiten einige Nachricht geben wollen, so würde sie unter der Addresse meiner Mutter, der Räthin Goethe, in Frankfurth am Main, sicher und bald an mich gelangen. Der ich indessen nochmals recht wohl zu leben wünsche. Weimar am 19 Juli 1797.

Goethe

**
*

Nur mit wenigen Worten, werthester Herr Rath, will ich sogleich für Ihren freundlichen Brief vom 22ten September danken, der mich auf der Reise so angenehm überrascht haben würde und mir leider erst vor einigen Tagen zugekommen ist. Die Stockung eines ganzen Packetes in Frankfurth hat mir manche Unruhe gemacht.

Ich freu mich sehr Ihrer Theilnahme an meinen Arbeiten und kann versichern daß die Empfindung wechselseitig ist. In kurzer Zeit habe ich das Vergnügen Sie in Jena zu sehen, wo es manches zu besprechen geben wird. Mit sehr viel Vergnügen habe ich gleich nach meiner Ankunft den zweyten Theil Ihres Schäkespears erhalten und gelesen. Bewahren Sie beykommendes Exemplar meines neuesten Gedichts zu meinem Andenken, wie sehr wünsche ich auch Ihre Gedanken darüber zu hören und zugleich zu sehen was Sie indessen gearbeitet haben. Die besten Grüße an Ihre liebe Gattin so wie an Ihren Herrn Bruder leben Sie recht wohl. Weimar am 16. Dec. 1797.

Goethe

**
*

Da ich höre daß Sie uns nach Ostern verlassen wollen, so werde ich mich um so mehr eilen im März nach Jena zu kommen, um Ihres Umgangs noch einige Zeit zu genießen. Ich überbringe zugleich das Geld und hoffe von Ihren neuen Arbeiten etwas zu sehen. Mir ist dieser ganze Winter für das poetische Fach ungenutzt verstrichen. Geschäffte, Theater und Societät haben mir alle meine Stunden entweder weggenommen oder unbrauchbar gemacht.

Herr von Brinkmann, der sich bey Ihnen auch recht wohl gefallen hat, war uns eine angenehme Erscheinung, seine Lebhaftigkeit und seine Theilnahme an so vielerley Gegenständen, besonders der Litteratur, machen seine Unterhaltung recht angenehm.

Ich bin neugierig Gotters letztes Lustspiel zu sehen glauben Sie daß es auf dem Theater Effect machen werde? Wir erwarten nun die Composition der Zauberinsel, wir denken die Oper nach Ostern zu geben. Die Zauberflöte hat wieder viele Zuschauer aus der Nachbarschaft herbey gelockt.

Leben Sie recht wohl grüßen Sie Ihre liebe Frau und erhalten mir ein geneigtes Andenken.

Weimar am 24 Febr 1798.

Goethe

**
*

Durchl. der Herzog haben mir befohlen Sie, werthester Herr Rath, morgen früh in das sogenannte Römische Haus zu führen, um Sie mit Herrn Melisch bekannt zu machen, dem großen Verehrer Schäkespears und Bewunderer Ihrer Uebersetzung.

Wollten Sie deßhalb gegen 11 Uhr bey mir seyn?

Ich hoffe Sie heute Abend in der Comödie zu sehen.

Den 1ten May 1798.

Goethe

**
*

Für die Mittheilung der Holzschnitte danke ich recht sehr. Wenn Sie ohnedieß spatziren gehen und bey mir gegen zwölfe anfragen wollen, so soll es mir angenehm seyn Sie und Ihre Freunde vielleicht zu sehen. Ich erwarte Gäste von Weimar und diese könnten vielleicht noch vor Tische eine Promenade wünschen.

G

**
*

Ew. Wohlgeb.

übersende die Holzschnitte alter und neuer Art mit vielem Dank, wovon Sie Herrn Unger seinen Theil gefällig abtragen werden. Einige Blätter die Ihnen angehören, liegen noch wohl verwahrt in Jena, sobald ich hinüber komme sollen auch diese zurückgegeben werden.

In meinem Aufsatz, den ich zum zweyten Stück der Propyläen bestimme, kann ich mit unserm guten Unger nicht einerley Meinung seyn; doch wird sich zuletzt wohl noch eine Conciliation finden lassen. Das Unglück ist, daß die Engländer, in ihrer neuen Manier, durch eine viel leichtere mechanische Behandlungsart, in gewissen Theilen weit mehr leisten als die Deutschen, nach der alten Weise, jemals zu Wege bringen können. Diese beyden Behandlungsarten gegen einander zu stellen ist eine Aufgabe für künftig, diesmal haben wir nur von den Effecten gesprochen.

Leben Sie recht wohl, da Sie zu Ihren Geschäfften Gesundheit und Heiterkeit so nöthig haben. Ich muß die letzte Hälfte des Decembers gewöhnlich nur so hin laviren, vielleicht habe ich Anfang Januars das Vergnügen Sie wieder zu sehen. Weimar d 12 Dec. 1798.

Goethe

**
*

Heute komme ich schon wieder um Sie um das Schloß von Otranto zu ersuchen. Einige Frauenzimmer, die es noch nicht gelesen haben, möchte ich gern in diese Wunder einführen.

Dabey schicke ich die ersten Bogen der Propyläen, die Sie vielleicht nicht ungern etwas frühzeitiger lesen und mir gefällig bald wieder zurückschicken.

Professor Meyer grüßt. Er hat die Recension von Fiorillo mit viel Sorgfalt gearbeitet. Er läßt den litterarischen Verdiensten dieses wackern Mannes volle Gerechtigkeit wiederfahren, und trifft in den Hauptpuncten durchaus mit ihm überein. Wo Recensent abweicht motivirt er seine Ursachen sehr klar, wodurch diese Anzeige sehr unterrichtend wird.

Herr Unger hat ganz recht daß sich schon in den frühern Holzschnitten Spuren finden von der Art welche die Engländer nun so hoch empor gehoben haben und desto sonderbarer ist es daß man bisher davon keinen Gebrauch gemacht hat, und daß den Engländern die Ehre der Wiederentdeckung und Cultur dieser verlohrnen Insel Ehre macht ist nicht zu leugnen. Wenn die Sache nur erst recht ins Klare ist, giebt uns Herr Unger vielleicht Muster von beyden mit einer kleinen Abhandlung über die Differenz von beyden Behandlungsarten.

An der Entdeckung guter und brauchbarer Stoffe in den ältern deutschen Gedichten zweifle ich keineswegs und hoffe künftig auf deren Mittheilung.

Ifflands Bekänntnisse will ich nächstens lesen und wünsche zu allem was Sie vorhaben, Gesundheit und gute Stimmung. Grüßen Sie mir Ihre liebe Frau und gedenken mein. Weimar am 15 Dec. 1798.

Goethe

**
*

Ew. Wohlgeb.

sende die Burg von Otranto in einer neuen Hülle zurück. Wenn auch diese gleich der vorigen wird abgelesen seyn, so möchte wohl vom Buche selbst nicht viel übrig bleiben.

Die Recension von dem Knebelschen Properz scheint mir sehr gut und zweckmäßig gerathen und der Gedanke den Verfasser mit sich selbst zu vergleichen ist freundlich und fruchtbar. Ein Mann wie Knebel verdient eine zarte Behandlung, da er von Natur zum umändern und ausbessern so sehr geneigt ist.

Was ich für ihn wünschte wäre daß er sich mit Ihnen in Connexion setzte, um Ihres Rathes bey der Uebersetzung des Lucrez, auf die er eine unsägliche Arbeit verwendet, zu genießen. Er liegt, wie Sie aus seiner Vorrede bemerkt haben, noch an einer kleinen grammatisch prosodischen Opposition krank. Es würde ihm bey seiner Arbeit zum größten Vortheil gereichen, wenn wir ihn davon heilen könnten, so daß er die unleugbaren Fortschritte, die man in den letzten Zeiten gemacht hat, anerkennte, gewisse Grundsätze zu befolgen sich entschlösse, und dadurch seinen Vers gewiß manchen Vortheil verschaffte. Ich mache ihm hierauf in einem Briefe aufmerksam so wie ich mich darüber bald mit Ihnen zu unterhalten hoffe.

So eben empfange ich den zweyten Theil von Sternbald worüber ich nächstens mehr schreibe oder spreche.

Der ich recht wohl zu leben wünsche. Weimar am 28 Dec. 98.

Goethe

**
*

Nur Ein Wort zur Begleitung des zweyten Stücks der Propyläen und des ersten Buches des Lukrez.

Die Vorbereitungen zu den Piccolomini nehmen uns alle Zeit weg, wir haben nur noch acht Tage übrig, das Stück wird den 30ten Jänner und den 2ten Februar gegeben, Freytag den 1ten wird Redoute seyn, ich hoffe Sie werden diese Feyerlichkeiten nicht ganz verschmähen.

Den größten Theil des Februars hoffe ich in Jena zuzubringen.

Der ich recht wohl zu leben wünsche. Weimar am 22 Januar 1799.

Goethe

**
*

Für das übersendete dritte Stück des Athenäums habe ich meinen Dank nicht schrifftlich abgestattet weil ich bald nach Jena zu kommen hoffte, wo ich mich denn auch befinde.

Wollten Sie die Güte haben mir die Bände des Wallpol durch Ueberbringern zu überschicken, so wollte ich solche gelegentlich nach Weimar senden um die übrigen dagegen zu erhalten.

Der ich recht wohl zu leben wünsche und Sie bald zu sehen hoffe. Jena am 26 März 1799.

Goethe

**
*

Indem ich das Buch über die Religion mit Dank wieder zurück schicke, lege ich auch den Lukrez wieder bey wenn Sie für dieses Werk etwas thun können was es auch sey, so werden Sie mir eine Gefälligkeit erzeigen sowohl ich als der Verfasser würden es dankbar erkennen wenn Sie auch nur im allgemeinen einige Bemerkungen machen wollten. Ich wünsche recht wohl zu leben und hoffe Sie bald wieder zu sehen.

Jena am 14 Octobr 1799.

Goethe

**
*

Mit den freundlichsten Wünschen zum neuen Jahre sende ich das fünfte Propyläenstück, dem ich Ihren und der Ihrigen Antheil wünsche.

Von den alten französischen Romanen habe ich nichts im Original auftreiben können, indessen ist mir ein betagter deutscher Foliant in die Hände gefallen, der den Titel des Buchs der Liebe führt und in welchem sich die Geschichte des Tristans und der Iselde befindet. Zwar weiß ich nicht, ob es eine Uebersetzung oder Umarbeitung ist, doch wenn Sie das Buch überhaupt noch nicht gesehen haben, so wird es interessant seyn es durchzulaufen.

Ich habe mich bisher möglichst fleißig gehalten und besonders an dem allgemeinen Schema der Farbenlehre fortgearbeitet, wobey mich Herrn Professor Schellings Neigung zu meiner Arbeit nicht wenig gefördert hat.

Vielleicht schicke ich bald eine Abschrift meiner Elegieen zu nochmaliger gefälliger Durchsicht.

Sagen Sie mir doch auch was Sie und ihre Nächsten in dieser Zeit vorgenommen haben.

Leben Sie recht wohl und gedenken mein.

Weimar am 1 Januar 1800.

Goethe.

**
*

Seit dem neuen Jahre habe ich vergebens gehofft Sie, und wäre es auch nur auf kurze Zeit, in Jena zu sehen. Auch den nächsten Monat komme ich schwerlich hier los. Ich nehme mir daher die Freyheit die Elegien zu überschicken, über die ich mich mit Ihnen gern noch mündlich unterhalten hätte.

Es sind zwey Exemplare, in dem einen werden Sie die von uns angestrichenen Stellen, in dem andern die Correcturen finden die ich versucht habe. Vielleicht finden Sie Mittel die bisher refractairen Stellen zu zwingen. Sollte es nicht überall gehen; so wollen wir uns drein ergeben und der Zukunft etwas vorbehalten.

Wenn wir uns wiedersehen habe ich manches mitzutheilen und ich bin überzeugt daß von Ihrer Seite ein Gleiches nicht fehlen wird.

Leben Sie recht wohl und erneuern Sie mein Andenken in Ihrem Kreise. Weimar am 26 Febr 1800.

Goethe

**
*

Durch die Vorschläge zur Verbesserung meiner Elegieen haben Sie mir eine besondere Gefälligkeit erzeigt. Ich habe sie meistens eingeschaltet und nun folgt mit meinem Dank freylich auch die zweyte Sammlung. Sogar die

Epigramme werden nachkommen, welche Ihrer Theilnahme vielleicht am meisten bedürfen.

Meine gegenwärtige Lage ist so unpoetisch als uncritisch und es sind mir daher bey diesem Geschäfft, dem ich nicht ausweichen kann die freundschafftlichen Winke um desto schätzbarer.

Mit Verlangen erwarte ich was Sie und Ihre Geistesverwandten uns neues zubereiten. Grüßen Sie alle.

Den guten Tiek bedaure ich sehr. Ich habe diese Zeit her manchmal an ihn gedacht und beklagt, daß ein so schönes Talent, in seiner Blüthe, solche Hindernisse freyer und fröhlicher Kraftausübung erfahren soll.

Haben Sie doch die Güte Herrn Professor Schelling zu sagen: daß der Van Cower bey mir liegt. Unter den Karten findet sich nichts daß auf Abweichung der Magnetnadel Bezug hätte. Das Werk selbst konnte ich nicht durchlaufen und habe es bis jetzt nicht geschickt, weil es drey große Quartbände sind.

Vielleicht kann mir Herr Schelling bezeichnen welcher von diesen Bänden ihm interessant ist, sonst kann ich sie auf Verlangen alle drey senden.

Leben Sie recht wohl und erhalten mir ein geneigtes Andenken, so wie ich immer an dem was Sie leisten, so wie an dem was Ihnen begegnet einen lebhaften Antheil nehme. Weimar am 5 März 1800.

Goethe

**
*

Auch die Epigramme folgen hier zu gefälliger Durchsicht. Wie sehr hätte ich gewünscht diese Revision mit Ihnen in Jena machen zu können, da die Deliberation in einem solchen Falle so instructiv ist.

Sie finden ein einziges neues Epigramm und ich habe sie überhaupt nicht numerirt weil Sie vielleicht eins oder das andere heraus votiren wenn es gar zu refractair seyn sollte. Wie z. B. das mit dem doppelten Ueberall.

Die Weissagungen des Bakis sollten eigentlich zahlreicher seyn damit selbst die Masse verwirrt machte. Aber der gute Humor, der zu solchen Thorheiten gehört, ist leider nicht immer bey der Hand.

Auch lege ich die Metamorphose der Pflanzen bey die denn leider sehr isolirt stehen wird.

Leben Sie recht wohl und verzeihen

Weimar am 20 März 1800.

G

**
*

In dankbarer Erwiederung Ihrer Sendung lege ich hier das erste der famosen Sonnette bey, nach und nach sollen die übrigen anlangen. Über dem Portal steht das Gegenwärtige warlich nicht unbedeutend. Sie erhalten zugleich auch meine Uebersetzung des Mahomets. Da sie einmal gemacht ist, wollen wir sie doch zum besten kehren und nutzen. Lassen Sie uns denselben zum Grunde legen wenn wir uns gelegentlich über unsern Jambus, und besonders über dessen dramatischen Gebrauch unterhalten.

Haben Sie Dank daß Sie meine Jahreszeiten ausschmücken wollen. Die Episteln, dächt ich, ließe man liegen, bis sich etwa die Lust findet etwas neues in dieser Art zu machen.

Ob es der Mühe werth seyn wird den Reineke Fuchs nochmals gleichsam umzuarbeiten darüber müssen wir gelegentlich zu Rathe gehen.

Die Uebersetzung der Walpolischen Schrifften ist mir sehr willkommen. Die großen Quartbände des Originals schreckten mich ab, und eine Auswahl, wie sie Ihre Vorrede einleitet ist freylich einladender.

Möchte doch das Frühjahr auf Ihre liebe Gattin einen guten Einfluß haben. In einiger Zeit hoffe ich mit einem guten Glas ungarischen aufwarten zu können.

Die Herren Meyer und Büry empfehlen sich bestens. Da wir sämmtlich jetzt nicht viel vom Flecke kommen, so hätten wir gewünscht daß Sie neulich Ihren Besuch möchten verlängert haben. Auch hätten wir noch gar gerne mehr von der spanischen Litteratur vernommen. Ein Land, das man selbst nicht mehr besuchen wird, hört man so gern von scharfsinnigen Reisenden beschreiben.

Nicht allein Ihre grammatische, sondern auch Ihre critische Bemerkungen im allgemeinen könnten einem Werke, das ich angefangen habe, sehr zu statten kommen, wenn ich nur den Muth hätte gegenwärtig daran zu denken. Doch wage ich nichts davon sehen zu lassen, bis ich weiter vorgerückt bin.

Leben Sie indessen so wohl als fleißig und gedenken Sie unser in Ihrem Kreise.

Weimar am 2 April 1800.

Goethe

**
*

Schillern habe ich nicht in Weimar angetroffen, er hat sich nach Ettersburg begeben um dort ungestörter arbeiten zu können. Ich kann Ihnen daher von seiner Entschliessung wegen des Almanachs nichts melden doch wollte ich nicht ganz schweigen und sende daher diese Zeilen ab. Leben Sie recht wohl in dem Leipzig, das nun wohl bald ruhiger werden wird und wenn Sie in unserer Nähe sind hoffe ich Sie bald einmal wieder bey uns zu sehen. Weimar am 19 May 1800.

Goethe

**
*

Indem ich den mir communicirten Brief und das erste Exemplar Ihrer Gedichte zurück schicke melde ich dankbar daß Ihre heutige Sendung angekommen ist worauf ich das weitere nächstens antworten werde.

Weimar am 31 May 1800.

G

**
*

Ueber Ihre Sache mag ich nachdenken wie ich will, so kann ich Ihnen nicht rathen sie an die Höfe zu bringen. Die Ursachen das nächste mal wenn ich Sie spreche.

Da Sie aber freylich zu der Ihnen zugefertigten Resolution nicht ganz stille schweigen können, so schlage ich vor beyliegendes Schreiben an den Senat abzulassen. Sie werden die Absicht desselben leicht erkennen; doch muß ich Sie dabey ersuchen ja darinnen nichts abzuändern, obgleich der Styl nicht der beste ist. Wollten Sie es ja thun so wünschte ich vorher das veränderte Concept zu sehen.

Von Ihrem Gedichte, das Schiller auch mit Vergnügen gelesen hat, bey Uebersendung desselben nächstens.

Weimar am 10 Juni 1800.

G

**
*

Die übersendeten Don Quixote sind glücklich angekommen. Wenn Sie die andern Bände gebrauchen, so haben sie nur die Gefälligkeit sie von mir zu verlangen.

Ihren Herrn Bruder würde ich auf den nächsten Mittwoch mit Vergnügen bey mir sehen, ich will mich einrichten daß wir uns ruhig unterhalten können. Doch wäre mir angenehm wenn ich, durch die Botenfrauen bey zeiten Mitwochs, oder, die vorhergehenden Tage, durch die Post, Nachricht erhalten könnte.

Was die bewußte Sache betrifft sage ich meine weitern Gedanken mündlich; denn endlich hoffe ich Sie einmal auf kürzere oder längere Zeit, in Jena zu sehen.

Die verlangten Stücke sind mit der Theaterbibliothek nach Lauchstädt.

Leben Sie recht wohl und grüßen Ihren Herrn Bruder. Weimar am 12 Jul 1800.

G

**
*

Viel Dank für Ihre freundliche Zuschrifft und die Versicherung meiner Freude über Ihre glückliche Zurückkunft. Auch ich werde bald wieder in Ihrer Nähe seyn und hoffe auf manche angenehme und lehrreiche Unterhaltung.

Daß Mad: Unzelmann sich entschließt zu uns zu kommen ist mir höchst angenehm, haben Sie die Güte ihr das, mit meinem schönsten Gruße, eiligst zu vermelden. Ich werde zwar mit der nächsten directen Post auch an sie schreiben, diese geht aber erst übermorgen Nachmittag ab und es kommt darauf an, welcher von unsern Briefen sie zuerst erreicht. Leben Sie recht wohl und besuchen Sie mich ja, sobald ich nach Weimar komme. Nach dem verlangten Buche will ich mich sogleich erkundigen.

Kassel am 18 August 1801.

**
*

Auf mehrere Ihrer werthen Briefe habe ich nicht geantwortet; Sie verzeihens, da ich indeß nicht weniger an Sie gedacht und an allem was Sie betrifft Theil genommen habe. Aus der Vorstellung Ihres Ions hat sich eine Ilias von Händeln entwickelt, die, wie ein ächtes rhapsodisches Werk, noch immer kein Ende nehmen will.

Können Sie es einrichten daß Sie Pfingsten in Weimar sind; so treffen Sie mich daselbst. Vielleicht wird es auch möglich alsdann Ihren Ion zu geben.

Können Sie mir eine leichte Skizze von Genelli's Decoration verschaffen; so würde ich, in so fern es möglich, die Idee für unser Theater nutzen. Der Tempel war die schwächste Seite unserer Darstellung, den ich wohl mit einem bedeutendern künftig auswechseln möchte.

Schicken Sie mir doch baldigst die Nachträge zu Alarkos, den ich ehestens geben werde; die Rollen sind schon ausgeschrieben. Das Stück hat mir in seiner Gedrängtheit viel Vergnügen gemacht, weniger Octavian in seiner Diffusion, ob man gleich das Tiekische Talent, im Einzelnen, nicht verkennen kann.

Grüßen Sie den Bruder Bildhauer aufs beste und treiben ihn an daß er bald kommt. Ich wünschte, wenn Durchl. der Herzog von den Inspectionen zurückkommen, daß schon etwas gethan wäre.

Leben Sie recht wohl und gedenken mein und erfreuen sich der guten Aufnahme, die Sie in Berlin gefunden haben.

Ihr Herr Bruder, den ich gelegentlich zu grüßen bitte, hat noch einige Bücher, die Theils mir, theils der Bibliothek angehören, ich wünschte, daß er sie mir bald wieder zurückstellen könnte. Jena am 3 Mai 1802.

Goethe

**
*

Das Lustspiel, welches Sie mir vor einiger Zeit gesendet, hätte ich gern auf das Theater gebracht, um die Wirkung davon zu erfahren; allein ich konnte die zwei Frauenzimmer, welche in Mannskleidern erscheinen müssen, nicht so austheilen, daß ich gegründete Hoffnung des Gelingens hätte fassen können. Will der Verfasser es auf andern Theatern versuchen, so wüßte ich nichts dagegen zu erinnern.

Denn es steht überhaupt mit den Concurrenzstücken wunderlich. Es sind dreyzehen angekommen, davon keines aufzuführen war, ob man gleich einigen manches Verdienst zusprechen mußte.

Uns haben diese Erscheinungen Vergnügen und Belehrung gegeben, wollte man aber öffentlich darüber sprechen; so wäre mehr Zeitaufwand nöthig, als das Resultat werth seyn könnte. Vielleicht spreche ich einmal, im Vorbeygehen, bey anderer Gelegenheit, davon.

Der gute Tiek, dessen Zustand ich bedaure, setzt mich, durch sein Außenbleiben, in nicht geringe Verlegenheit. Sagen Sie ihm dieß und wiederholen Sie meinen Wunsch, daß er sich bald auf den Weg machen möge. Es ist ihm erinnerlich daß ich ihn ältern Concurrenten vorgezogen und es ist leicht möglich daß, bey Rückkunft Durchl. des Herzogs, welcher, nach einer ausdrücklichen Aeußerung bey seiner Abreise, Herrn Tiek schon in völliger Arbeit zu finden glaubt, jene Verhältnisse, auf eine für mich sehr unangenehme Weise, zur Sprache kommen könnten. Ja es bleibt mir nichts übrig als noch eine kurze Zeit abzuwarten und alsdann Herrn Tiek einen peremtorischen Termin zu setzen, welches ich nicht gern thue, doch aber auch die Verantwortung einer solchen Zögerung nicht auf mich nehmen kann.

Leben Sie recht wohl und thätig und gedenken mein. Jena am 13 May 1802.

Goethe

**
*

Weimar am 2 Octbr 1803.

Die Beylagen werden mich genugsam entschuldigen, wenn ich auf Ihre theilnehmende Briefe nicht schneller antwortete, ja wenn ich heute nur einen flüchtigen Laut von mir hören lasse.

Seit einigen Wochen bin ich mit der Ausstellung beschäftigt, deren Einrichtung immer viel Mühe macht, die Abende habe ich meist dem Cäsar gewidmet, um ihn, im einzelnen und im ganzen zu probiren. Ich habe mich recht gesammelt, mit völligem Bewußtseyn diese schwierige Unternehmung zu leiten und ich kann sagen daß alle, die dabey zu thun haben, sich nach Vermögen bestrebten mit dem Autor und Uebersetzer zu wetteifern.

So eben erhalte ich ein Billet von Freund Schillern und lasse ihn sprechen:

> »Diesen Vormittag gehe ich nach Jena. Ich nehme einen großen Eindruck mit und über 8 Tage bey der zweyten Vorstellung werde ich Ihnen etwas darüber sagen können. Es ist keine Frage daß der Julius Cäsar alle Eigenschaften hat um ein Pfeiler des Theaters zu werden. Interessante Handlung, Abwechslung und Reichthum, Gewalt der Leidenschaft und sinnliches Leben vise a vise des Publikums – und der Kunst gegenüber hat er alles was man wünscht und braucht. Alle Mühe, die man also noch daran wendet ist ein reiner Gewinn und die wachsende Vollkommenheit bey der Vorstellung dieses Stücks muß zugleich die Fortschritte unsers Theaters zu bezeichnen dienen.«

Wie gern möchte ich Sie nun bald mit diesem Stück bewirthen und es durch Ihre Gegenwart, Berathung und Theilnahme immer weiter zu steigern.

Wie Sie uns besuchen, so gewinnen wir für das critische Institut sehr viel; denn schreiben läßt sich warlich jetzt nicht was man über die Lage unserer Litteratur denkt.

Schreiben Sie mir voraus wann Sie einzutreffen denken? kann ich Sie nicht selbst logiren; so besorge ich Ihnen ein Quartier in der Nähe und an meinem Tisch sollen Sie immer heitere Gesellschaft finden. Bis dahin sey manches verspart. Heute nur noch so viel:

Haben Sie ja die Gefälligkeit Herrn Steffens zu ersuchen daß er bald die Reihe Schrifften anzeigt, welche er nachzuholen und zu beurtheilen geneigt ist. Sobald ich nur ein wenig zur Besinnung komme schicke ich einen Brief für ihn. Es thut mir sehr leid ihn nicht gesprochen zu haben.

Dank für die Blumensträuße! Es sind wirklich Erscheinungen aus einer andern Welt.

Wenn Sie zu uns kommen hoffe ich Ihnen wenigstens einige Scenen aus dem Calderon bey verschlossenen Thüren sehen zu lassen. Ich habe didascalische Stunden eingeleitet, die mir viel Vergnügen gewähren und wodurch die öffentlichen Vorstellungen sehr gewinnen. So habe ich seit acht Wochen drey Junge Leute, die noch nie oder kaum auf dem Theater gewesen, dergestalt zugerichtet, daß sie im Cäsar einklingend auftreten konnten. Ohne diese Vorbereitung wäre diese Vorstellung unmöglich gewesen.

G.

**
*

Weimar am 2 Octobr 1803.

Vom werthen Schelling weiß ich leider nichts zu sagen als daß jeder Gedanke an ihn von dem Bedauern über seinen Verlust begleitet ist. Man sagt er sey in Würzburg wirklich angestellt. Ich wünsche ihm, wo er auch sey, das Glück das er verdient.

So eben gehen mir noch Belobungsschreiben wegen der gestrigen Aufführung zu. Man bemerkt daß das Stück in England nie unverkürzt und seit 50 Jahren gar nicht mehr gegeben worden weil Garrick selbst einmal daran gescheitert war. Man erinnert sich des großen Aufwandes den Herr v. Dalberg in Manheim vormals gemacht hatte ohne das Stück beleben oder lebendig erhalten zu können.

Sie nehmen gewiß Theil an der Freude dieses Gelingens. An Sorgfalt haben wir es wenigstens nicht fehlen lassen. Nächstens mehr.

G

Am 3ten Octobr.

Bey dem Rumor, welchen die Aufführung des Cäsars erregt hat es mich sehr gefreut daß das Publikum unaufgefordert einsieht daß nur Ihre Uebersetzung eine solche Darstellung möglich gemacht. Ich wünsche daß Sie Zeuge seyn mögen von der guten Disposition die dadurch entstanden.

**
*

Meine letzten Blätter die ich abschickte, waren, so viel ich mich erinnere nur voll von Julius Cäsar, und Sie haben gewiß, statt mir die Leidenschafft zu verargen, mein Interesse getheilt. Heute und morgen Abend beschäftigen mich wieder die Proben davon, um so manches nachzuholen und aufzuputzen. Sonabend den 8ten wird die zweyte Vorstellung seyn.

Einen Kunstgriff muß ich Ihnen noch mittheilen, den ich gebraucht, um die Sinnen zu reizen und zu beschäftigen; ich habe nämlich den Leichenzug viel weiter ausgedehnt als das Stück ihn fordert, und, nach den Ueberlieferungen aus dem Alterthum, mit blasenden Instrumenten, Lictoren, Fahnenträgern, mit verschiedenen Feretris, welche Städte, Burgen, Flüsse, Bilder der Vorfahren, zum schauen bringen, ferner mit Freygelassnen, Klageweibern, Verwandten &c. ausgeschmückt, daß ich dadurch auch die rohere Masse heranzuziehen, bey halbgebildeten, dem Gehalte des Stücks mehr Eingang zu verschaffen und gebildeten ein geneigtes Lächeln abzugewinnen hoffe.

Ich breche ab, mit dem Wunsche daß Sie es selbst sehen mögen; denn sonst käm' ich in Gefahr wieder ein Blatt nach dem andern mit Betrachtungen über den Werth des Stücks, so wie der Uebersetzung, über unsere bisherige Leistungen und über unsere ernstlichen Vorsätze auszufüllen.

Lassen Sie uns dagegen ein Wort von dem critischen Institute sprechen. Sie haben das was dabey zu thun ist in Ihrem ersten Briefe so gut geschildert, daß ich nichts hinzu zu setzen brauche.

Die versäumten Bücher nachzuholen ist allerdings ein Haupterforderniß und kann gleich dadurch das erste Vierteljahr gehaltvoll werden. Mögen Sie mir also Beyträge zu dem Verzeichniß, mit einigen Vorschlägen der Vertheilung, liefern, so werden Sie unsere Entschlüsse beschleunigen und bestimmen helfen.

An Herrn Steffens lege ich einen Brief offen bey; Sie werden auch aus demselben sehen daß wir durchaus einstimmig sind. Es kann auch wohl bey Männern die die Sache durchschauen nur Eine Stimme seyn.

Durchaus hoffe ich das Beste. Denn wenn diejenigen die productiv sind und auf mancherley Weise etwas leisten können, die Critik im eigentlichen Sinne, nicht wohl treiben mögen; so ist es denn doch auch erfreulich gelegentlich die Ideen und Maximen, von denen unsere übrige Thätigkeit geleitet und bestimmt wird, auszusprechen und auch durch die Reflexion dem Unsichtbaren und unaussprechlichen eine Art von Körper zu leihen. Und dieß bey Gelegenheit, nicht etwa ex professo, wozu man sich nicht leicht entschließt. Hiemit lassen Sie mich endigen, damit der Brief heute fortkomme.

Sollte es Ihre Lage, wie ich wünsche, erlauben uns zu besuchen; so wünsche ich es bey Zeiten zu erfahren damit Sie mich in Weimar finden.

W. d. 6ten Octobr 1803.

G

**
*

Daß wir von einem Posttage zum andern auf Ihre bedeutenden Beyträge warten, können Sie wohl selbst denken. Von Ihnen, Steffens, Bernardi, Schleyermacher vernehmen wir kein Wort, möchten Sie doch sämmtlich bald sich desto erfreulicher zeigen! Mehr sage ich nicht und füge nur ein herzliches Lebewohl hinzu

Weimar am 12 Jan. 1804.

Goethe

**
*

Könnt ich einen bessern Dank für das Ueberschickte und einen bedeutendern Gruß als durch HE. Hofr. v. Müller übermachen

W. d. 7 Febr 1804

G

**
*

Frau von Stael wünscht Sie näher zu kennen, sie glaubt daß einige Zeilen von mir die erste Einleitung erleichtern. Ich schreibe sie gern, weil ich nun Dank von beyden Theilen verdiene, wo sich alles von selbst gegeben hätte. Erhalten Sie mir ein freundliches Andenken.

W. d. 1 März 1804

Goethe

**
*

An der freundlich baldigen Erfüllung meines bescheiden geäußerten Wunsches, durft ich wohl ein fortgesetztes früheres Wohlwollen dankbar gewahr werden.

Das folgereiche Gelingen eines jeden Unternehmens, dem Sie Ihre Thätigkeit widmen möchten, war mir niemals zweifelhaft und so bin ich auch Ihren Bemühungen in der indischen Literatur mit Antheil, wenn auch nur von ferne gefolgt, und freue mich zu sehen wie auch hier Kritik und Technik dem belebenden Genius willfährig die Hand reichen.

Kann ich zwar der indischen Kunst, insofern sie plastisch ist, nicht günstig seyn, da sie die Einbildungskraft, anstatt sie zu sammeln und zu regeln, zerstreut und verwirrt; so gehör ich doch gewiß zu den redlichsten und beständigsten Verehrern jener Dichtkunst, die aus den abstrußesten Regionen des Geistes durch alle Stufen des innern und äußern Sinnes uns auf die bewundernswürdigste Weise hindurch führt.

Ueber allem und jedem Zwiespalt eine glückliche Vermittelung zu finden, möcht ich gar zu gern unter den Merkwürdigkeiten Bonns auch Ihrer gesammelten Bildschätze mich erfreuen und unter Ihrer Leitung in einer so erfreulich charakteristischen Region mich mit allem Hohen und Tiefen so wie mit allem Äußern und Innern in vollkommenem Einklang fühlen.

gehorsamst
JW v Goethe.

Weimar
den 15 Decbr.
1824

Als Nachschrift füge den Wunsch hinzu, daß Gesundheit und alles Günstige das große Unternehmen Ramajana herauszugeben befördern möge. Wie ich mir denn die Freyheit nehme für Großherzogl. Weimarische Bibliothek auf ein Exemplar der vier Lieferungen hiermit zu unterzeichnen.

JW v Goethe

Weimar
den 15. Decbr
1824.

Bonn, gedruckt bei Carl Georgi.

[Nachträglich.]

Für so manches Gute und Angenehme habe ich Ihnen nicht gedankt, nicht für Ion, nicht für Calderon. Ein angefangener Brief liegt schon lange da und Muse zum Briefschreiben kommt nie, wenn man sie erwartet. Nun regt eine äußere Veranlassung mich auf Ihnen zu schreiben, eine alte Schuld abzutragen und neue Verhältnisse anzuknüpfen.

Das alte Band der jenaischen Litteraturzeitung löst sich auf, neue müssen geknüpft werden und ich mag wohl, um des allgemeinen Besten willen, aus meiner Ruhe heraus treten und mit an einem neuen Institut Theil nehmen, wozu sich alles was wacker und tüchtig bey uns ist, zu versammeln verspricht.

Sage ich Ihnen daß man auch Ihre Theilnahme aus der Ferne wünscht; so vernehmen Sie nichts unerwartetes. Ihr Geist, der sich, in Production sowohl, als Urtheil, thätig zeigt, wird sich zu einer Anstalt neigen, die nicht sowohl Zerstreutes versammeln, als das was von Natur zusammen gehört, vereinigen möchte.

Haben Sie daher die Güte mir vorläufig zu schreiben: ob, und in wie fern Sie beyzutreten gedenken? ob Ihnen Bücher im Sinne schweben über welche Sie Ihr Urtheil sagen möchten und ob wir noch manches vor Weihnachten erwarten dürften?

Sobald ich Ihre Gesinnung näher weiß schreibe ich weitläufiger und freue mich zum Voraus darauf, daß dieser Anlaß unsere Correspondenz beleben wird, welche, selbst unter Gleichgesinnten, ohne besonderes Interesse, gewöhnlich ermattet.

Sie haben unter Ihren Freunden gewiß noch manchen jungen Mann, der, mit schönen Talenten und Kenntnissen, einen vorschreitenden Geist und mäßige Gesinnungen verbindet; wollten Sie mir wohl Rahmen und nähere Verhältnisse bekannt machen.

Der ich für dießmal schließe, recht wohl zu leben wünsche und mich bestens empfehle.

Wenn Sie an Ihren Herrn Bruder nach Paris schreiben, so grüßen Sie ihn schönstens von mir. Auch ihm bin ich einen Brief schuldig und wohin bin ich nicht Briefe schuldig!

Weimar am 5 Sept. 1803.

Goethe